SYLVIUS-NERVA;

OU

L'ÉCOLE DES FAMILLES

DRAME LYRIQUE EN III ACTES.

Représenté pour la premiere fois, le
. de l'an 3 de la République française, 1795 (v. st.)
au Grand Opéra ou Théâtre des Arts, à Paris.

Paroles du COUSIN JACQUES.
Musique de J. LE MOYNE.
Ballets de P. G. GARDEL.

DÉDIÉ

A TOUS LES VRAIS AMIS DE LA PATRIE ET DES MOEURS.

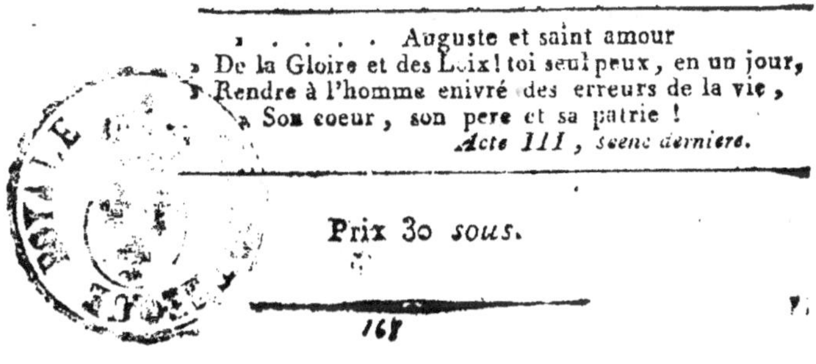

Prix 30 sous.

A PARIS,

Chez MOUTARDIER, Libraire, rue du Coq-
S. HONORÉ, N°. I.

L'AN 3 DE LA REPUBLIQUE.

PERSONNAGES.

CHANT.

SYLVIUS - NERVA. — Le C. LAINEZ.

MARCIUS-SEVERE, vieillard septuagénaire, pere de Sylvius. — Le C. CHÉRON.

VALERIE, épouse de Sylvius. — La Cᵉ. MAILLARD.

JULIE, sœur de Sylvius. — La Cᵉ. CHÉRON.

LACTANCE, fils de Sylvius et de Valérie, âgé de 10 ans. — La Cᵉ. BELMONT, *en garçon*.

PUBLIUS-PROSPER, officier des Légions romaines. — Le C. LAYS.

FELIX, à la tête des enfans du village. — La Cᵉ. GLAISE, *en garçon*.

Les Enfans mâles du village, au nombre d'environ quinze ou vingt.

Les Femmes, les filles et les vieillards qui ne vont pas combattre.

Les hommes du village et des environs, sans armes au premier acte, mais armés et cuirassés au second acte.

Six Soldats Romains, accompagnant P. Prosper, personnages chantans.

NOTA. On peut faire jouer les mêmes personnes des chœurs dans différens emplois, et en réduire le nombre, sur les théâtres où l'on n'aurait pas un monde suffisant.

EXTRAIT

Du Registre des Délibérations du Comité de l'Opéra National, du 23 pluviose, l'an second de la République, une et indivisible.

» LE Comité de l'Opéra, ayant entendu ce matin
» la lecture d'un Opéra en trois actes, intitulé :
» *Sylvius Nerva* ou *l'Ecole des Familles*, paroles du
» *Cousin Jacques* ; qui, indépendamment de l'intérêt
» le plus entraînant, respire d'un bout à l'autre la
» morale la plus pure et le patriotisme le plus
» chaud, enfin qui est de la nature de ceux dont on
» peut dire avec raison :

» La mere en prescrira la lecture à sa fille. »

» Le comité de l'Opéra, considérant combien il est
» essentiel d'épurer la scene, d'en faire une école
» de mœurs et de vertu ; considérant que le seul
» moyen de rendre les spectacles utiles et de se-
» conder les vues sages de nos législateurs, c'est
» de ne représenter à l'avenir que des ouvrages qui
» puissent coopérer à l'instruction publique ; a
» arrêté unanimement que l'Opéra du *Cousin Jacques*,
» ayant pour titre : *Sylvius Nerva* ou *l'Ecole des*
» *Familles*, serait représenté aussi-tôt que la mu-
» sique en serait terminée.

Pour copie conforme au registre.
Signé VATTEVILLE, Secrétaire de l'Opéra
National.

DÉCLARATION NÉCESSAIRE.

JE déclare, et *pour cause*, que le Comité
de l'Opéra, tant et si souvent calomnié
par bien des gens..., non-seulement m'a
laissé maître absolu de choisir tel musicien
que bon me semblerait, mais qu'il ne m'a
pas même indiqué un compositeur ; que c'est

moi, qui, de mon propre mouvement, ai choisi Le Moyne pour faire la musique de cette piece, et que cet artiste ne s'est mêlé en rien de ma lecture, à laquelle il n'a pas même assisté. Je dirai plus, en dépit des cabales et de l'intrigue, j'atteste que mon dessein a toujours été de ne confier mes poëmes qu'à des hommes mûris par une longue expérience de la scene ; et, si j'eusse connu un compositeur *plus dramatique* que Le Moyne, et plus familier, non-seulement avec le cœur humain, mais avec le genre de l'Opéra, je n'eusse pas balancé à lui donner mon ouvrage. Il faut dire avec franchise que le goût se perd tous les jours, et qu'en fait de musique on s'éloigne de plus en plus, sans s'en appercevoir, de la belle nature. Tout ce qui est simple, tout ce qui est chantant, à la portée des oreilles vulgaires, tout ce qui n'est pas bruyant et inintelligible, s'appelle *petite musique*, *musique de boulevard*, etc. par nos prétendus connaisseurs. Ce sont tels et tels, que je nommerais bien, qui viennent dans le parterre ou aux loges de l'Opéra, censurer par des huées ou des éclats de rire indécens, des talens qu'ils n'atteindront jamais, et insulter à des hommes qui ont blanchi dans la carriere des succès ; ce sont ceux-là que regarde ma note ; ce sont eux seuls que j'ai en vue ; c'est à eux que je dirai toujours que la musique de l'école n'est pas une musique de théâtre, et qu'un spectacle n'est pas un concert. Nous possédons de jeunes compositeurs, tels que *Méhul*, *Le Sueur*, etc. doués d'un vrai génie et d'un beau talent, qui sentent de jour en jour la vérité de ce que j'avance ; et mon observation, qui déplaira sans doute à plus d'un *fabricant de notes*, sera du goût des *Grétry*, des *Martini*, des *Bruni*, des *Dalayrac*, des *Monsigny*, et de tous les amis de la nature, qui ont étudié le grand art du théâtre, et que je choisirais pour mes modeles, si je voulais suivre la carriere musicale.

En foi de quoi j'ai signé la présente déclaration. A Paris, le 28 frimaire, l'an 3e. de la République.

L. Abel B. REIGNY,
dit le COUSIN JACQUES.

OBSERVATIONS ESSENTIELLES.

Le sujet de cette piece est de pure imagination ; c'est l'énergie de certains acteurs de l'Opéra, et le tableau de l'ensemble qui regne à ce spectacle, qui m'en ont fait venir l'idée. J'ai cru qu'il était tems de prouver à ses détracteurs que la mythologie n'est pas le seul genre qui lui convienne, et qu'un sujet moral ou sensible, puisé dans la nature, pouvait y réussir, comme par-tout ailleurs. Guillard, le seul, selon moi, qui ait bien saisi le vrai genre de l'Opéra, a prouvé avant moi et mieux que moi, combien le tableau des erreurs humaines, mis en action à ce théâtre, pouvait acquérir d'intérêt ; mais il a cherché dans la fable ce qu'il pouvait trouver dans les événemens journaliers de la vie des hommes. Sans vouloir lutter de style avec lui. j'ai voulu rivaliser en sentiment ; et, si je n'y ai pas réussi, mon but n'en est pas moins louable:

On sçait que dans l'ancienne Rome, c'étaient

les consuls qu'on choisissait pour Généraux. Les consuls étaient revêtus d'une grande partie de l'autorité du Sénat ; et quant à la jurisdiction militaire, ils avaient à l'armée un pouvoir dictatorial ; donc un Général pouvait infirmer, dans un cas urgent et utile à la république, les décrets du Sénat. Il n'était donc pas étonnant qu'un Romain, dégradé par les loix, parvînt à obtenir un rang dans l'armée, si le Général voulait prendre sur lui de l'admettre au nombre de ses soldats, malgré la censure qui l'en avait exclu.

On sçait qu'il y avait à Rome des censeurs qui tenaient un registre exact de la conduite et des mœurs des familles. Cette salútaire et sublime institution se multiplia dans tout le ressort de la jurisdiction Romaine, à mesure qu'ils étendirent leur domination par des conquêtes ; mais elle dégénéra, par la suite, de son intégrité premiere, comme tous les établissemens utiles, auxquels l'auteur de la nature a voulu imprimer le sceau de la faiblesse humaine.

Il semble qu'on se soit attaché à ne représenter sur la scene, parmi les peuples anciens, que des Souverains, des Princesses et des Généraux ; comme si l'héroïsme en tout genre eût été le partage exclusif des hommes riches et puissans ; comme si la noblesse se fût donné le mot dans l'antiquité pour accaparer toute l'attention des siecles futurs. Puisque nous peignons souvent des villageois dans nos pieces modernes, pourquoi n'essayeroit-on pas de peindre ceux des siecles anciens ? Je ne sache pas qu'on ait encore mis en scene les habitans des hameaux épars sur le territoire des anciens Romains ; moi, j'ai cru pouvoir m'y risquer, sans blesser les convenances, d'autant mieux que tout était soldat chez eux, et que l'on voyait souvent un héros, de retour dans sa chaumiere, y déposer son épée pour reprendre la conduite paisible d'une charrue ; j'ai quitté Rome pour le Peuple Romain, et j'ai hasardé d'altérer un peu la fidélité de l'histoire, pour réparer, du moins en peinture, l'injustice de ces fiers conquérans du monde, qui ne voulaient peupler leurs campagnes que d'esclaves, et qui regardaient, avec leur prétendue liberté, comme fort au-dessous d'eux, tout ce qui n'était pas né dans l'enceinte de leurs murs.

On voit que, dans SYLVIUS NERVA, tout est inventé, à quelques accessoires près, qui eussent offensé la mémoire des lecteurs bien instruits, si j'avais dénaturé jusqu'aux institutions et aux loix les plus connues.

Il me reste à parler des caracteres employés dans ma piece ; ce n'est pas pour Paris que j'entre dans ces détails, mais pour les théâtres et les lecteurs des Départemens qui seraient curieux de saisir la véritable tradition des acteurs de l'Opéra, sans les avoir vus jouer.

MARCIUS-SÉVERE est un de ces vieillards respectables, qui ont blanchi à la charrue et dans les camps, dont le caractere, prononcé presque dès l'enfance, n'a jamais varié ni failli un seul instant, qui n'ont jamais entendu raillerie sur l'article du véritable honneur, qui ont toujours fait consister leur gloire à bien servir leur pays, qu'une longue suite d'années, consacrées à mériter la confiance de leurs concitoyens, a décorés du laurier de la valeur et de la palme des vertus ; ces sortes de gens sont entiers dans leurs senti-mens, opiniâtres dans leur prévention, diffi-ciles à manier, sur-tout à fléchir ; la moindre tache à la réputation les offusque ; et la véné-ration publique qui les environne , leur donne un ascendant impérieux sur tout ce qui n'a ni leur mérite, ni leur âge. Marcius doit flotter sans cesse entre l'austérité du devoir et la ten-dresse paternelle ; souvent prêt à pardonner, il hésite en songeant à ce que la patrie exige ; et lorsqu'il se livre à lui-même les combats les plus violens pour ne pas céder aux ins-tances dont on l'accable, lorsqu'il regarde son obstination comme une conséquence naturelle de la sévérité de ses principes , la nouvelle imprévue du châtiment ignominieux que la loi inflige publiquement à son fils , renverse en un instant toutes ses idées de compassion et d'indulgence , et rend à son indignation toute sa vigueur. Les vieillards de ce caractere ne sont pas rares en France parmi les militaires, mais ils l'étaient encore moins chez les Ro-mains, parce que la douceur et la justice du gouvernement identifiaient la patrie avec le citoyen , rendaient leurs intérêts communs , et, bâsant toujours le bonheur public sur celui de chaque individu , faisaient qu'on ne pou-vait s'aimer soi-même sans aimer son pays... Je plaindrais l'acteur qui regarderait le per-sonnage de Marcius comme un rôle inférieur ou subalterne ; à coup sûr, il ne donnerait pas une haute idée de ses lumieres et de sa pénétration.

Sylvius-Nerva est un de ces hommes foncierement honnêtes et probes , mais doués d'une effervescence toujours prête à passer les bornes ; dont les passions trop vives ont terni les belles qualités ; qui, sans avoir un cœur dépravé , ont perdu dans les mauvaises compagnies tout le fruit d'une premiere éducation ; que la fougue de la jeunesse a d'abord emportés tout à travers le torrent des erreurs et des faiblesses humaines , et qu'une malheureuse apathie pour leurs devoirs retient ensuite sous le joug d'une coupable habitude. Il faut une forte leçon aux hommes de cette trempe pour les tirer du précipice où ils s'endorment ; mais quand la voix de l'honneur et de la nature se fait entendre, ils se réveillent avec orgueil, et sortent comme d'un accès de léthargie. Alors , plus ils ont été rebelles aux loix du devoir et aux principes de la vertu, plus ils embrassent le bon parti avec enthousiasme et sincérité. Ce rôle exige le plus grand talent ; c'est une lutte perpétuelle entre la vertu et le vice, entre la nature et l'habitude ; il faut une ame de feu pour bien rendre ce caractere : aussi est-il en bonnes mains.

PUBLIUS-PROSPER est un homme à la fois doux et sévere, sensible et ferme , humain et soumis aux loix ; j'ai fait exprès ce rôle pour l'homme qui le jouë , parce qu'il est selon son cœur, et qu'un bon mari , un bon pere , un bon ami ne peut être mieux vengé des calomnies absurdes dont on l'accable , qu'en jouant d'après nature des rôles de ce genre. Sa mission est de consoler , de sécher des larmes et en même tems de faire exécuter les décrets des autorités. Il faut qu'il sache défendre d'une main la statue de la loi, et de l'autre attirer à elle ceux qui pourraient s'effrayer de son austérité.

Valerie est une femme en proie à des chagrins dévorans, qu'elle cherche à se déguiser à elle-même ; douce, sensible, patiente, elle supporte ses propres malheurs avec résignation, et tâche d'alléger le poids de ceux d'autrui. Elle idolâtre son époux, malgré ses torts, et les devoirs de fille et de mere adoucissent pour elle la destinée d'épouse malheureuse.

Julie n'a d'autres nuances à saisir que celles de l'espérance et de la douceur ; sa sensibilité moins active que celle de Valerie, n'a pas les mêmes intérêts à défendre ; mais, outre son pere, dont la pénible situation l'occupe, et son trere, dont elle déplore les égaremens ; elle est guidée par un mouvement d'humanité qui s'étend à tout ce qu'elle voit souffrir.

Lactance doit avoir environ 9 à 10 ans, son ingénuité doit contraster avec le caractere prononcé des autres rôles, sans manquer pour cela d'expression ; il doit suivre tout bonnement les impulsions de l'âge tendre. Il ne raffine point en sensibilité : ses idées sont simples ; il a le cœur gros, il a du chagrin; et c'est son cœur, c'est son chagrin qui parle.

Felix est un rôle d'apprentissage, fait exprès pour inspirer aux enfans l'amour de leurs parens et de leur patrie. On ne peut former de trop bonne heure les enfans à ces vertus qui sont la source de toutes les autres.

N. B. Les costumes romains doivent être scrupuleusement suivis dans cette piece; mais il faut distinguer la simplicité et l'économie rustique d'avec le luxe et la richesse de Rome qui commençent déjà à prendre racine. Il faut aussi que les habits des guerriers soient plus recherchés que ceux des villageois qui ne sont pas encore armés. Le seul qui doive porter de la dorure, est Prosper; mais Sylvius, à la fin du troisieme acte, doit être très-richement costumé.

SYLVIUS-NERVA,

OU

L'ÉCOLE DES FAMILLES.

ACTE PREMIER.

Le Théâtre représente l'intérieur d'une maison rustique chez les anciens Romains, c'est-à-dire d'une architecture Etrusque, d'un goût simple et sévere. Les petits Dieux Lares et tous les instrumens de la superstition qui s'offraient à la vue, en entrant dans les maisons des anciens Romains, ne doivent pas être oubliés... On voit un drapeau ennemi suspendu à la voûte de la chambre, avec la vieille épée de Marcius, son casque et sa cuirasse. Il est lui-même couché sur une chaise longue à la romaine ; autour de lui, mais divisés en deux groupes, pour que le public puisse voir Marcius, sont les enfans qui expriment, par leur attitude et leurs gestes, combien ils ont de tendresse et de vénération pour ce vieillard ; il parait abîmé dans la douleur. De l'autre côté du Théâtre est assise VALERIE, serrant contre son cœur le petit LACTANCE, et lui montrant le tableau qui est à l'opposé. JULIE est debout entre les deux groupes, au milieu du Théâtre, partageant tout son intérét entre son pere et sa belle-sœur. Les enfans sont d'abord groupés dans le fonds.

Premier Ballet au commencement de cette scene. Ballet d'enfans qui cherchent à distraire Marcius, tandis que les autres lui parlent.

SCENE PREMIERE.

MARCIUS, VALERIE, JULIE, LACTANCE,
une Troupe d'Enfans.

Les Enfans à *Marcius.*

(*Chœur.*)

Vous nous voyez, notre bon pere,
Tous empressés à vous servir ;
Chacun de nous vous chérit, vous révere.
Connaître vos chagrins, pour mieux les adoucir ;
Voilà, voilà notre plaisir,
Voilà notre unique plaisir !
VALERIE à *Lactance.*
Tu vois, mon fils, tu vois avec ivresse

A

Tous les enfans de ce hameau
Offrir leurs soins, leur zele à la vieillesse ;
Couvrir de fleurs les bords de son tombeau.
Imite-les toujours ; souris à ce tableau...
Que ton œil charmé le contemple,
Pour qu'à jamais il te serve d'exemple.

VALERIE et JULIE
à *Lactance.*   Les Enfans à *Marcius.*

Imite-les toujours ; sou-   Connaître vos chagrins, pour
ris etc.   etc.

VALERIE *se levant et lui montrant Marcius avec*
sensibilité.

A Lactance.   (*Récitatif.*)

Ton vertueux ayeul, au lourd fardeau des ans
Unit encor celui de la tristesse !
Un fils dénaturé, par des chagrins cuisans,
Abrege sa vieillesse !
Insulte à sa détresse !
Empoisonne tous ses instans ! ....
Ce fils est mon époux !.. *En pressant Lactance contre*
son sein.   Ta malheureuse mere
N'en parle, hélas ! qu'en frémissant !

(*Elle le conduit par la main près du lit de Marcius.*)

Orphelin d'un pere vivant,

(*Lui montrant Marcius en pleurant.*)

Voilà le seul mortel qui t'ait servi de pere !

JULIE *prenant Valerie à l'écart, et lui parlant à voix basse.*

(*Récitatif.*)

Epargnez-vous, ma sœur, ces regrets déchirans ;
Il reste à Marcius encor d'autres enfans.
Je veux fermer les yeux sur les torts de mon frere,
Plus ils sont grands, et plus j'espere !

(*Avec plus de mistere et de vivacité.*)

Pourquoi choisissez - vous, pour redoubler vos
pleurs,

Le beau jour qui doit mettre un terme à nos malheurs?
Sylvius votre époux, proscrit par l'anathême
De son pere et du mien, errant loin de ces lieux,
Malheureux par sa faute, en horreur à lui-même,

(Montrant de loin Marcius.)

Craint, depuis trop long-tems, de s'offrir à ses yeux!
De l'auguste vieillard c'est aujourd'hui la fête;
Quand à la célébrer tout le hameau s'apprête,
De cette heureuse époque il saura profiter,
Pour servir votre époux et le lui présenter...
Il attend près d'ici...

VALERIE l'interrompant vivement.

Sylvius! Ah! s'il ose

Paraître devant lui; de son ressentiment
Qu'il craigne les excès!.-

LACTANCE.

Rassure-toi, maman;

Laisse dans l'un et l'autre agir le sentiment!

JULIE à Valerie.

Laissez, et que plutôt votre cœur se dispose
A jouir d'un si beau moment.

(Morceau d'ensemble.)

Les enfans à VALERIE JULIE et LACTANCE.

Marcius	à part.	à Valerie.
Marcius, notre pere, Calmez votre tourment, Voyez en ce moment Dans chacun de nous votre enfant.	Marcius est bon pere ; Mais je crains son humeur severe ; Je crains ce terrible moment !	laissez laisse laisse) venir mon (frere pere. Et dans ce jour prospere laissez) parler le senti laisse) ment-

MARCIUS se levant sur son séant, aidé par plusieurs enfans sur lesquels il s'appuie, et sortant comme d'un accès de léthargie.

(Récitatif.)

O généreux enfans! vous qui de l'innocence
Offrez à mon œil enchanté
Tout l'éclat, toute la beauté!....
Que le juste ciel récompense
Vos soins, votre respect et votre humanité!

(Il retombe dans sa mélancolie.)

A 2

Vous ne me devez rien que ce qu'a droit d'attendre
De vous l'autorité des ars ;
Chez les Romains, les cheveux blancs
Aux égards du jeune âge ont toujours dû prétendre.
Faut-il donc que l'ingrat mortel,
A qui j'avais donné la vie,
Soit le seul dont la main impie
Enfonce le poignard dans le sein paternel ?

VALERIE, JULIE et JACTANCE *prenant la place des enfans qui s'éloignent de l'autre côté.*

(*Morceau d'ensemble.*)

Chassez, chassez, mon pere,
Ce triste souvenir.
J'entrevois la lumiere
Du jour du repentir.

MARCIUS *vivement.*

Non, non, Sylvius m'assassine !
… Il m'assassine !
Ce modele des fils ingrats,
Par sa conduite indigne, il me traîne à grands pas
Au tombeau que dans peu la douleur me destine !

(*Valerie, les Enfans, et Marcius pressé par Julie et Lactance, forment trois tableaux séparés.*)

VALERIE à part.	JULIE et LACTANCE à Marcius.	MARCIUS à part.	Les Enfans à part.
Je tremble… Je tremble… Je crains son humeur trop sévere. Je tremble… Je tremble… Que rien ne puisse le fléchir. Rien, rien, non rien ne pourra le fléchir.	En faveur de mon (frere. (pere. Laissez-vous attendrir. Ah ! soyez moins sévere. Le cri de la nature a droit de vous fléchir.	Malheureux pere ! Il n'est pour toi plus de plaisir ! Malheureux pere !	O l'info pere irrité Pour lui plus de plaisir. Plus de plaisir.

VALERIE *à Marcius.*

Son cœur n'est pas méchant ; il n'est que la victime
De la faiblesse et de l'erreur.

MARCIUS.

Quoi ! c'est toi, qu'il entraîne avec moi dans l'abîme,
Qui voudrais excuser son cœur !

(5)
(En lui tendant la main.)

O Valerie ! épouse vertueuse !
En vain tu serais généreuse ;
Rien ne pourra jamais, malgré tous tes efforts,
Le rendre à la vertu, ni réparer ses torts.

VALERIE.

Ah ! mon pere, je les oublie,
Si vous pouvez les pardonner !
MARCIUS.
Non, non ; à son destin je veux l'abandonner.
O Valerie !
Cesse, cesse de m'en parler.

VALERIE.	MARCIUS.
Je les oublie,	O Valérie !
Si vous pouvez les pardonner.	Cesse de m'en parler.

MARCIUS à tout le monde.

Puis-je oublier si-tôt l'affreuse ingratitude
Dont il a contracté la coupable habitude ?
Sans égard pour mon âge, et sourd à mes avis ;
Il semble les payer toujours par le mépris !
Sa molle oisiveté, voilà la récompense
Des soins que ma tendresse a pris de son enfance !

Tout le monde à part et à demi-voix.

Hélas ! il dit la vérité ;
Sa molle oisiveté,
Voilà la récompense
Des soins que sa tendresse a pris de son enfance !

MARCIUS à Valerie.

Ce drapeau que tu vois à ces murs attaché,
Je n'avais pas vingt ans, lorsque sur la frontiere ;
Il fut à l'ennemi par mes mains arraché !
Et lui, lui dont la honte à flétri la carriere,
Qu'a-t-il fait, à trente ans, pour vous et pour son
père ?   (En soupirant.)
Et qu'a-t-il fait pour son pays !..

A 3

Tout le monde *à demi-voix.*

Hélas ! il est trop vrai ; peut-on chérir un fils
Qui n'a rien fait pour son pays ?

MARCIUS *à tout le monde avec plus de chaleur.*

Aujourd'hui même encor qu'environnant nos plaines,
Non loin de ces cantons , un reste d'ennemis
Le dispute aux aigles romaines ;
Son cœur que rien n'émeut, ses sens abâtardis,
Loin de se réveiller au cri de la patrie,
Paraissent s'enfoncer abîmés , engloutis ,
Dans sa coupable léthargie !
Juge, ô ma Valerie !
Si mon cœur tout romain, tout brûlant d'énergie ;
Peut s'occuper d'un lâche , et le nommer mon fils !

(*Vif et fort.*)

Non , Valérie ,
Plus de pardon ;
Non, non , non , non ,
Plus de pardon !..

LACTANCE *se jettant contre le lit de son pere.*

Sylvius a sur moi les droits de la nature ;
S'il est perdu pour moi, je suis trop malheureux !
Si vous oubliez son injure ,
Au lieu d'un pere , j'en ai deux !...

MARCIUS *l'attirant à lui par un bras, et lui pressant la
main contre son cœur.*

(*A part.*)

Ses regards , ses accens dans mon âme attendrie
Portent le baume de la vie.
(*Il l'embrasse.*)   Cher enfant!
De ses longs déplaisirs console un jour ta mere !

LACTANCE *tenu d'un bras par Marcius, se retourne
vivement, et fait signe à sa mere d'approcher, en lui
tendant affectueusement l'autre bras.*

Ah ! maman !

Viens!... viens!.. saisissons le moment.
Unis tes vœux à ma priere!

Au moment où Valerie s'approche du lit, on entend au dehors une musique champêtre qui annonce l'arrivée des villageois. Valerie, Julie, Lactance et les enfans aident Marcius à se lever, et ils le traînent péniblement sur un vieux fauteuil à l'antique où ils l'asseoient.

SCENE II.

Les Acteurs précédens, tous les Romains et les Romaines *du hameau et des environs, dans leurs plus beaux ajustemens, tenant des fleurs, des couronnes de chêne, des branches de laurier et des pots remplis de vin.* SYLVIUS-NERVA *entrant derriere les autres, les yeux baissés.*

Les Romains et Romaines.

(*Chœur.*)

Honneur, égards, salut à la vieillesse!
Rien pour le rang et tout pour les vertus; ..(*Bis.*)
Quand au grand âge on unit la sagesse,
A nos respects c'est un titre de plus.

SYLVIUS *à Valérie qui va le joindre à l'écart, tandis que Julie et Lactance sont aux deux côtés du fauteuil de Marcius.*

(*A part et à demi-voix.*)

Ah! Valerie!
Pardonne-moi.

Deux Romains *présentant leurs dons à Marcius.*

Marcius, considere et voi (1)
Comment nous honorons en toi

______

(1) On chante à l'Opéra : *En ce jour tu voi*.... Mais j'ai mieux aimé dans l'imprimé, *Considere et voi*, quoique ce soit un pléonasme, à cause de l's qui termine nécessairement la seconde personne de l'indicatif dans tous les verbes. Cependant

(8)

Le vrai républicain qui consacre sa vie
A cultiver la terre , à respecter la loi,
A chérir, à défendre, à sauver sa patrie !

*SECOND BALLET analogue à la fête de MARCIUS ,
pendant lequel on engage SYLVIUS tremblant et hon-
teux à se montrer à son pere.*

M ARCIUS *avec l'expression de la plus vive recon-
naissance.*

(*Récitatif.*)

Mes enfans, mes amis et mes concitoyens!
Le ciel, le juste ciel vous bénit par mes mains !

*Il se leve, soutenu de Julie et de Lactance, leve les
yeux au ciel, étend les bras sur eux tous ; alors, tous pé-
nétrés de respect, s'inclinent simultanément et fléchissent
un genou en terre.*

(*Invocation.*)

O Jupiter ! sur le bord de ma tombe,
De quelle volupté tu pénetres mon cœur !
Ces vertueux mortels sont dignes du bonheur.
Que jamais ta foudre ne tombe
Sur leurs chaumieres ou leurs guérets.
O Jupiter ! Bénis-les à jamais !

MARCIUS.	SYLVIUS *à part.*	Tous les autres *excepté Sylvius.*
O Jupiter ! bénis-les à jamais.	Les plus cuisans regrets S'emparent de moi pour jamais.	Bénis-nous à jamais.

M ARCIUS *poursuivant la même invocation.*

Ils m'ont dédommagé par leurs soins généreux
Des outrages d'un fils...

---

plusieurs auteurs célèbres ont retranché l's pour la rime à la seconde personne ; *J. B. Rousseau,* un de nos plus précieux
modeles, s'est permis cette licence dans une de ses meilleures
odes ; et *Ménage* trouvait mauvais que *Vaugelas* exigeât rigou-
reusement l's à la seconde personne , sur-tout quand l'oreille
était satisfaite des rimes.

(9)

SYLVIUS *s'échappant malgré lui.*

Ah !

MARCIUS *l'apperçoit tout-à-coup , baisse les bras*
et retombe dans son fauteuil.

(*L'invocation finit brusquement.*)

(*Très-vif.*)   Que vois-je ? mes yeux
Ne me trompent-ils pas! Quoi ? malgré ma défense ;
         C'est encor lui dont la présence
Insulte à ma douleur, et vient souiller ces lieux !

(*Morceau d'ensemble.*)

Tout le monde *parlant ensemble avec l'expression subite*
du sentiment le plus vif.

         Vous montrerez de la clémence...
         MARCIUS *en colere.*
Non, non, perdez cette espérance,
      Je ne crois plus à des dehors...
J'oublierai ses écarts , quand une longue épreuve
D'un profond repentir m'aura donné la preuve.

SYLVIUS *appuyé contre une coulisse, d'un air tout-à-fait abattu.*	MARCIUS.	Tout le monde *le pressant de plus en plus.*
Ah ! c'en est fait , il n'est plus d'espérance !	Non , non , perdez cette espérance !	Vous montrerez plus de clémence !
Inacessible à la clémence , Mon pere, hélas! je le vois bien , N'entendra rien , Rien...	Perdez cette espérance !	Vous mettrez fin à la vengeance !

SYLVIUS *se retournant avec rage du côté de Marcius.*

      Inexorable pere !
      Du poids de ta colere
      C'est assez m'accabler !
      Inexorable pere !
      A ta sombre colere
      Je saurai m'immoler !   (*Bis.*)

Eh bien, oui, oui, je saurai m'immoler !
Oui, oui, m'immoler !
De la douce nature
Tu méconnais la loi.
Ton fils maudit par toi   (*Bis.*)
Verra finir bientôt les tourmens qu'il endure !

VALERIE *cherchant alternativement à les calmer tous deux.*	MARCIUS *ne se possédant plus.*	SYLVIUS *sans écouter rien.*
Songez aux droits d'un pere ; Cessez de l'accabler. Est-ce un ton de colere Dont il faut lui parler ?	Il vient braver son pere ! Du ton de la colere Il ose lui parler !	Inexorable pere ! A ta sombre colere Je saurai m'immoler !

Ici, au milieu de la chaleur de l'action, tout-à-coup la musique change de nuance, et l'on entend une trompette dans le lointain.

Tout le monde *d'une voix entrecoupée par de fréquens silences, et faisant une grande attention aux sons de la trompette martiale.*

La trompette continue pendant ces 4 vers, et les sons se rapprochent de la scene.

Quels sons au loin se font entendre !..
C'est la trompette des guerriers...
Qui nous appelle tous à de nouveaux
   lauriers !..
Dans ce lieu même il faut l'attendre...

SCENE III.

Les Acteurs précédens, PUBLIUS-PROSPER *tenant à la main un rouleau écrit à la maniere des anciens, un Trompette et six ou quatre Soldats romains à sa suite.*

Les Soldats.

(*Chœur.*)

Volez, volez, Romains, au séjour des combats !
La victoire encor vous appelle !
Enflammez-vous d'un nouveau zele ;
Cultivateurs, redevenez soldats !   (*Bis.*)

PUBLIUS PROSPER.

(*Récitatif.*)

O vous, Romains ! qui n'estimez la vie
Qu'autant qu'elle est utile au salut de l'Etat !
C'est par votre valeur que d'un nouvel éclat
Doit briller aujourd'hui l'autel de la patrie !

(*Air.*)

Préparez-vous, vaillans guerriers,
A cueillir de nouveaux lauriers !
Tandis qu'en ce séjour paisible
Vous célébrez la fête des vertus ;
La République attend de votre cœur sensible
Que vous lui présentiez un hommage de plus !
Les ennemis une fois abattus,
Vous reviendrez sous vos ombrages
Reprendre vos jeux innocens ;
Et vous pourrez en paix, sous vos rians bocages,
Raconter vos exploits à vos heureux enfans.
Vous cueillerez la fleur nouvelle

(*Montrant Marcius-Sévere.*)

Pour en parer ces cheveux blancs.
Qu'il sera doux, pour prix de votre zele,
D'exercer vos bras triomphans
Sur les guérets qui jaunissent vos champs !
L'aurore brillera d'une clarté plus pure,
Quand l'ennemi sera dompté ;
Tout s'embellit dans la nature
Des rayons de la liberté !.. } (*Bis.*)

Les quatre Soldats et tous les hommes *à demi-voix.*	PUBLIUS PROSPER.
Volez, volez, Romains ! Volons, volons, volons, } au séjour des combats ! La victoire encor (vous / nous) appelle. Enflammons-nous Enflammez-vous } d'un nouveau zele. Cultivateurs, (redevenez / redevenons) Soldats !	Qu'il sera doux, pour prix de votre zele, De voir la nature plus belle, Et de cueillir la fleur nouvelle !

PUBLIUS PROSPER.

(Récitatif.)

Les Sabins tant de fois vaincus,
Ont osé contre nous recommencer la guerre,
Et relever leur tête altiere.
Ces brigands effrénés, qu'irritent nos vertus,
Non loin de ces cantons exercent leurs ravages.
Déjà l'aigle romaine a remporté sur eux
De grands et nombreux avantages ;
Vous ne l'ignorez pas; c'est presque sous vos yeux
Que depuis quelques jours nos soldats sont aux
prises
Avec les ennemis… Pour qu'un dernier effort
Couronne enfin toutes nos entreprises,
Par l'ordre du sénat je demande un renfort.

(Il déroule sa pancarte.)

Amis, vous savez tous qu'il faut être sans tache,
Pour mériter l'honneur de marcher au combat ;
Un vainqueur vertueux s'attache
A prouver aux vaincus ce que c'est qu'un soldat.
Le censeur du canton m'a remis cette liste,
Où chacun de vos noms existe
Avec le tableau de vos mœurs.…

VALERIE, JULIE et LACTANCE *à part.*

(Tristement et avec la plus sombre inquiétude.)

Nouveau sujet , hélas ! de chagrins et de pleurs !

PUBLIUS PROSPER , *lisant la pancarte.*

(Tous les Romains s'inclinent respec-
tueusement, et se découvrent.

» Au nom du peuple et du sénat de Rome,
» Salut aux citoyens que plus bas on dénomme !
» Marcius Sévere est exempt
» Par ses infirmités et le poids du grand âge.

MARCIUS SEVERE *douloureusement.*

Et son regret le plus cuisant
Est que son triste état s'oppose à son courage !

PUBLIUS PROSPER *continuant.*
» Mais les Romains n'oublieront pas
» Par combien de vertus il ennoblit sa vie,
» Et les services qu'aux combats
» Il a rendus à sa patrie.....
MARCIUS *pénétré jusqu'aux larmes.*
Et que tout son chagrin, dans des momens si
beaux,
Est de ne pouvoir pas en rendre de nouveaux !
PUBLIUS PROSPER *continuant.*
» Marcus, Agricola, Publius et Maxime,

(*Sans lire.*)

Que le peuple chérit, estime,
Vous obtenez l'honneur de marcher les premiers.
Quatre Villageois sortent des groupes et
se rangent contre Publius.

PUBLIUS PROSPER *à tous les hommes.*

(*Sans lire.*)

Enfin, vous êtes tous au rang de nos guerriers ;
La liste du censeur n'omet ici personne ;
Vous irez tous cueillir les palmes de Bellone.

Tous les hommes *gaiement.*

Nous irons tous cueillir les palmes de Bellone ! (*Bis.*)

P. PROSPER *lisant.*

» Excepté Sylvius...
Tout le monde *à voix basse et avec stupéfaction.*
Excepté Sylvius !.. (*Bis.*)

P. PROSPER *sans lire.*

Pour changer cet arrêt sévère,
Vos efforts seraient superflus.

(*Il se remet à lire.*)

» Il a manqué cent fois de respect à son pere ;
» D'une épouse estimable il fit couler les pleurs ;
» Des frivoles plaisirs les attraits séducteurs
» Ont en lui d'un Romain flétri le caractere.

(Court silence pendant lequel tous les yeux sont tristement fixés sur Sylvius, qui seul, la tête baissée et les bras croisés, est plongé dans le plus terrible accablement. Marcius lance sur lui des regards furieux.

(*Morceau d'ensemble.*)

VALERIE et tout le monde.	SYLVIUS au désespoir.	MARCIUS avec une fureur sourde.
Ah ! quelle honte et quel chagrin ! Sylvius, mortel trop coupable ! Peut-on ne pas gémir du malheur qui t'accable ? Et ne pas plaindre ton destin ? Ah ! quelle honte et quel chagrin ! (Silence.) Quel chagrin ! (Silence.) Quel chagrin !	C'en est fait, je mourrai du chagrin qui m'accable. J'en mourrai... J'en mourrai... Je ne saurais vivre coupable, Et moins encor déshonoré. C'en est fait ! c'en est fait ! J'en mourrai !.. J'en mourrai !..	Ah ! quelle honte, ah ! quel chagrin ! Quelle honte ! Mon fils, un monstre !.. mon fils ! Un monstre affreux ! scélérat exécrable ! Déshonore à jamais en moi le sang romain. O douleur ! ô tendresse ! ô tache inéfaçable ! Mon fils, un monstre ! etc.

VALERIE à *Sylvius*, à part.	Toutes les femmes à *Publius Prosper.*
De cette derniere entrevue Profite encor... C'est pour jamais ! Que cette disgrace imprévue Ne prive pas ton cœur du retour de la paix. Du courage ! du courage ! c'est pour jamais !	De notre asyle, hélas ! votre annonce imprévue A troublé la joie et la paix ! Cette disgrace innatendue A changé nos fleurs en cyprès ! (*En étalant tristement à ses yeux les branches et les couronnes de fleurs.*) Nos fleurs... en cyprès !

VALERIE, LACTANCE et JULIE *s'approchant de Sylvius.*

(*Très-vivement.*)

Fais un dernier effort
Sur le cœur de ton pere.
Fais qu'il te pardonne, et ton sort
Sera peut-être enfin prospere.
Fais un dernier effort ;
Approche de ton pere...

(*Ils le traînent par le bras.*)　　　　　(*Sourdement et à demi-voix.*)

Va, va, va, va, courage ! risque tout !..
Et tu viendras à bout

(13)

De fléchir sa colere.

Va, va, va, va, courage ! risque tout !

SYLVIUS *qui a paru jusques là anéanti par la douleur, sort enfin de son accablement et se jette aux pieds de Marcius.*

   (*Avec le dernier excès*
   de l'attendrissement.)

Vous seul pouvez encor me rendre à ma patrie ;
  Me sauver de l'ignominie !
Si votre cœur sensible au pardon se résout,
Bénissez-moi, mon pere ; et je réponds de tout !

  MARCIUS *s'éloignant de lui.*

Moi ! ton pere !
 Non, non... non, tu n'es plus mon fils !
 Moi !.. te bénir ! non, non...

  SYLVIUS *s'approchant à genoux.*

       Mon pere !

  Bénissez-moi...

MARCIUS *furieux, éleve les deux mains comme pour le conjurer.*

  (*D'une voix terrible.*)

    Je te maudis !

  (*A ces mots, Sylvius détourne la tête comme*
  s'il était frappé de la foudre, et il recule tou-
  jours avec horreur, ayant un genou en terre,
  jusqu'à la fin de l'acte, où enfin se relevant à
  l'autre extrémité de la scene, il s'échappe seul
  et désespéré.)

Tout le monde *avec un cri désespérant.*

 O ciel !

MARCIUS *devenant plus implacable.*

  Va t'en... Je te maudis !

   SYLVIUS.

Bénissez-moi !

  MARCIUS *d'une voix de tonnerre.*

   Je te maudis !

  P. PROSPER *à Marcius.*

Cette rigueur le désespere.
Ah ! nous vous en conjurons tous !

Pardonnez-lui ; de l'infamie
Sauvez-lui l'horreur... La patrie
Lui pardonnera comme vous !

(*Finale.*)

P. PROSPER.	MARCIUS.	Tout le monde.	SYLVIUS *avec rage.*
Je vous réponds que la patrie Lui pardonnera comme vous. Ne soyez point innaccessible à la pitié. Voyez son sort. Sur votre cœur Faite un effort. Pardonnez-lui. Voyez son sort !	De son pere et de sa patrie Il a mérité le conroux. Non, laissez-moi ! Non, non. Non. Laissez-moi. Non, non.	Ah ! comptez bien que la patrie Lui pardonnera comme vous. Ne soyez point inacesssible à la pitié. Pardonnez-lui... Voyez son sort. Sur votre cœur Faite un effort. Pardonnez-lui. Voyez son sort !	Oui, je fuirai. Je m'en irai. Pere inflexible ! Tu seras cause de ma mort. Le ciel sera moins insensible. Il prendra pitié de mon sort. Pere inflexible !

MARCIUS entouré et pressé par tout le monde cherche à se débarrasser, et sort enfin par la droite du Théâtre ; il chancèle en marchant, tout le monde témoignant des craintes, court à lui, en le suppliant encore et l'aidant à se soutenir ; on sort avec lui du Théâtre.

Je ne puis le voir en ce lieu !
Je ne puis souffrir sa présence.
Laissez-moi tous ! plus d'espérance !
D'une voix terrible.
Adieu !

SYLVIUS

menaçant son pere.

Je ne reste plus en ce lieu,
Je perds enfin toute espérance.
Tu ne craindras plus ma présence !
Eh bien !.. Adieu !
Il sort furieux, par la gauche.
Adieu !

Fin du premier Acte.

ACTE II.

ACTE II.

Le Théâtre représente une forêt épaisse, entre-mêlée de grottes , de rochers, de ponts et de chemins couverts ; les arbres forment un loin-tain à perte de vue.

SCENE PREMIERE.

S Y L V I U S *arrivant seul , décolleté , échevelé et se soutenant à peine.*

(*Récitatif.*)

Ou vais-je ? où suis-je ? errant, proscrit, désho-
noré ,
Fatiguant de mon poids le sol de ma patrie ;
En quels lieux , réparant la honte de ma vie ,
Pourrais-je exister ignoré ?
Par-tout on me fuira comme un monstre abhorré !
On verra sur mon front le sceau de l'infamie ;
Par-tout on se dira : » C'est Sylvius, c'est lui
» Que son père a maudit, qu'on déclare aujourd'hui
» Indigne de servir la liberté Romaine...
» C'est lui que l'univers écrase de sa haîne !
O ciel ! comment survivre à cet excès d'horreur ?
J'en appelle à vous tous , qui possédez un cœur !
    (*Air.*)   (*Doux et triste.*)
    Jours heureux de ma tendre enfance ,
    Hélas ! qu'êtes-vous devenus ?
    Doux trésors de mon innocence !
    Doux trésors , je vous ai perdus ! (*Bis.*)
    (*Vif et fort.*)
Cercle de faux amis, que j'ai trop fréquenté,
    C'est vous, perfide compagnie,
Qui dans ce gouffre affreux m'avez précipité !

(18)

C'est par votre souffle empesté, *(Bis.)*
Que de mon ame, hélas ! la beauté fut ternie ;
Mon pere alors à mes yeux souriait ;
Je l'aimais, il me chérissait !....
Je ne connaissais pas, avant de vous connaître,
De vos plaisirs grossiers les piéges séducteurs.
Dans mon cœur vous avez fait naître,
En place des vertus, le vice et ses horreurs !

Jours heureux de ma tendre enfance, etc.

*(Crescendo.)   (Très-fort, très-animé et avec
l'accent du désespoir.)*

Non, non, non, je ne puis survivre
Au chagrin d'être pour jamais
Privé de concourir, Romains, à vos succès !
Eh bien ; je veux, je veux vous suivre.
L'honneur, le repentir sçauront guider mes pas ;
Inutile, je ne puis vivre.
Dégradé par les loix, je cherche le trépas.
O ma patrie !
Rends - moi, rends - moi l'honneur ! écoute mes
accens !
O ma patrie !
Reprends-moi parmi tes enfans !
Rends-moi, rends-moi l'honneur, ou bien voilà
ma vie !

(Ici un geste terrible contre lui-même.)

(Sourdement et avec une nouvelle rage.)

Ma patrie !
Ma patrie !
Malgré toi je te servirai.   *(Bis.)*
Tu couvriras de ton laurier sacré
Ce front couvert d'ignominie ;
Ou bien je périrai...
Oui, oui, oui, oui... je périrai..
Je périrai!..

SCENE II.

SYLVIUS, LACTANCE.

LACTANCE *appercevant son pere, après*
l'avoir cherché des yeux.

(*Il court à lui.*)   (*Récitatif*)

AH ! je vous trouve enfin, mon pere !
Dans ces lieux isolés que prétendez-vous faire ?
        Et, lorsque nous vous cherchons tous ;
A fuir loin de nos yeux, quel charme trouvez-
        vous ?
        (*Air.*)   (*Avec l'expression la plus tendre*
                et joignant ses petites mains.)
Ah ! par pitié pour moi, par pitié pour ma mere,
De vos cruels soucis délivrez-vous enfin.
A nos embrassemens, à notre accueil sincere
        Vous vous déroberez en vain...
        (*Il veut embrasser Sylvius.*)

SYLVIUS *hésitant d'abord entre l'amour pa-*
        ternel et le désespoir.

        (*Récitatif.*)

(*Tendrement.*)   (*Brusquement.*)
Trop cher enfant !... Non, non, ma tendresse
        t'offense ;
Laisse-moi, laisse-moi ! Trop criminel, hélas !
        Sylvius ne mérite pas
        Le doux baiser de l'innocence...
LACTANCE, *les larmes aux yeux.*
        (*Air.*)
        (*Avec la plus douce tendresse.*)
        Eh quoi ! ne suis-je plus ton fils?
        Et de t'aimer ne m'est-il plus permis ?
        Plus je te vois dans la détresse,
Plus je te dois montrer d'égards et de tendresse.

SYLVIUS,
s'attendrissant.

A ses accens si doux mon
cœur s'épanouit !
Combien il m'intéresse !
Il me pénétre. . . Il m'attendrit !
O Nature ! mon coeur jouit de
ton ivresse !

LACTANCE *cherchant*
à le caresser.

Ne suis-je donc plus ton fils ?
Et de t'aimer ne m'est-il. . .
etc.

(Récitatif)

SYLVIUS *le prenant entre ses bras.*

O Lactance ! ô mon fils !

(A part.)   *(Il le remet à terre et s'éloigne.)*
Cachons-lui nos projets.

LACTANCE. *(A part.)*
Je brûle d'être instruit de ce qu'il se propose ;
Il ne dit rien de ses desseins secrets.
Je veux l'interroger ;. . je n'ose. . .

SYLVIUS *revenant à lui, lui parle en*
pleurant.

(Air.)

Va rejoindre, ô mon fils, ta respectable mere !
Elle est bien plus que moi digne de ton amour !
Souviens-toi qu'il n'est point de douleur plus amere
Que d'offenser celui qui nous donna le jour. . .

(Duo.)

De ton ayeul respecte la vieillesse. . .
LACTANCE.
Je la respecterai ,
Et toujours je vous chérirai !
SYLVIUS.
Suis ses conseils. . .
LACTANCE.
Je les suivrai ,
Et toujours je vous chérirai.
SYLVIUS.
A ses leçons, que dicte la sagesse ,
Conforme-toi. . .

(21)

LACTANCE *avec plus de chaleur.*

(*Très-vivement.*)

Je m'y conformerai ;
Mais toujours je vous chérirai !

SYLVIUS *transporté de tendresse, embrasse tout-à-coup son enfant à plusieurs reprises et reste dans cette situation jusqu'à l'arrivée de Julie et de P. Prosper.*

Invocation vive et rapide.
O justes Dieux ! en faveur de
l'enfant ,
Pardonnez les erreurs du pere.
Terrible.
Soutenez ma valeur guerriere !
Et ramenez-moi triomphant.
Fort.
O justes Dieux ! en faveur. . etc.

LACTANCE *tendant aussi les deux mains au ciel, pendant que son pere semble le présenter aux dieux.*

Protégez le pere et l'enfant.
O dieux ! écoutez ma priere !
Lent et fort.
O dieux ! ô dieux !
Ecoutez, écoutez ma priere.

SYLVIUS *à part.*

Où m'égare le sentiment ?
Ah ! oui, l'excès de mon ivresse
Me fait oublier mon tourment !

LACTANCE *tendant encore les bras à son pere.*

O mon pere !

SYLVIUS *le prenant encore dans ses bras.*

Adorable enfant !

Tous deux ensemble.

Adoucissons nos maux à force de tendresse.

*Julie et Prosper paraissent ici dans le fond du
theatre, et semblent partager la jouissance
de Sylvius.*

S C E N E   I I I.

SYLVIUS, LACTANCE, JULIE et PUBLIUS-PROSPER.

Julie et Prosper appercevant Sylvius et son fils, s'arrêtent un moment à l'entrée en les observant avec plaisir et en les écoutant ; il faut qu'ils entrent pendant la fin du morceau précédent, et qu'ils ne leur parlent et s'approchent d'eux qu'à cet endroit-ci.

J U L I E *à Sylvius.*

(*Récitatif.*)

QUELLE douceur pour nous de trouver en ce lieu
Celui que nous cherchons, et de voir la nature
De vos justes douleurs vous consoler un peu !

Avec plus de vivacité, et lui présentant P. Prosper.

Tirez pour votre sort un moins fâcheux augure.
Prosper, que vous voyez, vous a, d'après la loi,
Porté, sans le vouloir, le coup le plus sensible ;
Prosper à la pitié n'est point inaccessible ;
Il a sur l'avenir dissipé notre effroi...
Il peut concilier, en ce moment terrible,
Avec vos intérêts les loix et l'équité,
Et joindre l'indulgence à la sévérité.

P. P R O S P E R *à Sylvius.*

Aux décrets du sénat je dois l'obéissance ;
   Mais ne pense pas que pour moi
Le tourment des humains soit une jouissance.
   O Sylvius ! lis dans mon cœur ;
Tu verras comme il sait respecter le malheur !
Ton heureux désespoir, l'excès de ta douleur
   Sont un grand pas fait vers l'honneur.
L'esprit républicain qui dirige ma vie
Me permet d'ajouter, sans violer la loi ;

(23)

La pitié d'une ame attendrie
A la rigueur de mon emploi.

*A part, en s'avançant, avec la plus
tendre expression.*

O belle humanité ! Sans toi,
Il n'est ni bonheur, ni patrie !

SYLVIUS, *après avoir un instant hésité.*
Mortel consolateur ! que ne te dois-je pas ?

A part.
Je ne peux librement parler en leur présence...

P. PROSPER *s'appercevant de son embarras,
A Julie et à Lactance, à voix basse.*
Il veut entrer peut-être en quelque confidence ;
Plus tard auprès de lui vous porterez vos pas.

JULIE *à Sylvius.*

(Air.)

D'ignorer vos secrets, mon frere,
Tout ici me fait un devoir ;
Je retourne auprès de mon pere
Le disposer à vous revoir.
En vous quittant, je vous assure
Qu'en nous l'amitié, la nature
N'ont rien perdu de leur pouvoir.
Adieu, mon frere ;
A ce soir !
Moi, je retourne vers mon pere
Le disposer à vous revoir.

(Duo.)

JULIE tendrement.	LACTANCE tendrement.
Adieu, mon frere !	Adieu ! mon pere !
A ce soir.	A ce soir.
Je retourne auprès de mon pere	Je retourne auprès de ma mere
Le disposer à vous revoir.	Lui redonner un peu d'espoir.
à Prosper.	*à Sylvius.*
Sur-tout, quelque soit sa pen- sée,	Sur-tout, quelque soit ta pensée,
Faites-le bientôt revenir.	Ne tarde pas à revenir.

LACTANCE *courant précipitamment à
Prosper.*

Toute une famille empressée
Attend de vous l'objet de son désir.　　(*Bis.*)

(*Quatuor.*)

LACTANCE à Prosper.	PROSPER à part.	JULIE à Sylvius.	SYLVIUS (.....part.
Dites - lui , je vous en conjure, Dites-lui bien que la nature N'a rien perdu de son pouvoir, Et ranimez, ranimez son espoir. A ce soir.	O nature ! Jadmire ton pouvoir! O nature ! Jamais je n'oublierai c'est mon cœur qui le jure , Le tableau que tu m'as fait voir!	En vous quittant , je vous assure , Qn'en nous l'amitié, la nature N'ont rien perdu de leur pouvoir.(bis) A ce soir. Au revoir.	Leur amitié constante et pure Me fait rentrer dans mon devoir , Et je sens bien que la nature Reprend sur moi tout son pouvoir.

JULIE *à Prosper,revenant sur ses pas.*
(*Plus vif.*)

Par vos discours. . .

LACTANCE *à Prosper, revenant aussi sur ses pas.*

　　　　　Par votre ton ,

　　　Tous deux *à Prosper.*

Rendez-le digne du pardon.

　　　PROSPER *à part.*

　　O nature !

　　　JULIE *à Prosper.*

Votre bon cœur l'adoucira.

　　　LACTANCE *à Prosper.*

Votre douceur le charmera.

　　PROSPER *les larmes aux yeux.*

　　Je vous le jure!..

　　　JULIE *à Prosper.*

Bientôt il se consolera.

　　　LACTANCE *à Prosper.*

Maman vous en remerciera.

JULIE et LACTANCE à Prosper.	PROSPER transporté d'attendrissement	SYLVIUS à part.
(Crescendo.) Votre bon cœur l'adoucira ; Votre douceur le charmera. Bientôt il se consolera. Votre amitié nous le rendra.	(A part.) O nature ! (A Julie et Lactance.) Oui , ma douceur le charmera. (A part.) O nature ! (A Julie et Lactance.) Mon amitié vous le rendra.	Ce cœur navré, le sens là... Là... Au vrai bonheur se rouvrira.

JULIE et LACTANCE *leur tendant les bras alter-nativement, s'éloignent en adoucissant leur voix.*

(*Très-tendrement*)

A ce soir !

Au revoir !

La ritournelle expire peu à peu.

SCENE IV.

P. PROSPER , SYLVIUS.

P. PROSPER.

(*Récitatif.*)

Eh bien! cher Sylvius, ce tableau plein de charmes
N'est-il pas fait pour calmer vos allarmes ?
Quel mortel pourrait donc n'en pas être attendri ?

SYLVIUS.

Ah ! je fais plus encor... Mon cœur qu'avait flétri
L'opprobre de ma vie, a repris son courage...
Mon cœur n'existait plus.... Je sens qu'il m'est
rendu !

P. PROSPER *avec enthousiasme.*

Ne vous semble-t-il pas qu'on sort de l'esclavage,
Quand on renaît pour la vertu ?

SYLVIUS *lui parlant plus confidemment.*

Ecoutez mon projet... Pour m'offrir à mon pere,
Digne de ses regards , je veux de nos guerriers

Partager les périls ; des voiles du mystere
Je couvrirai mes pas. . . Je serai des premiers...
Je veux qu'en l'apprenant il rougisse en lui-même ;
(Fierement.)
Et nous verrons si l'anathême
Pourra frapper un front tout couvert de lauriers !
(Changeant de ton.)
Je sais que du Sénat la défense est sévere...
Mais vous, au Général, adressant ma priere,
  Si vous daignez me présenter,
Et lui dire : » Voilà l'enfant de la patrie,
» Qui d'un nom, que ses mœurs avaient fait détester,
» Dans le sang ennemi veut laver l'infamie !
Pensez-vous qu'a ces mots son cœur puisse hésiter ?

Prosper, pénétré d'admiration, le fixe un
moment en silence.

S Y L V I U S avec inquiétude.

Vous ne répondez rien ! pourquoi donc ce silence ?
  Qu'a mon projet qui vous offense ?

P R O S P E R lui serrant la main.

Ton projet, Sylvius, est digne d'un Romain.
Tu reçus du ciel même un cœur républicain !

Avec plus d'expression.

  Oui, ton projet m'attendrit et m'enchante,
Et je veux seconder tes glorieux travaux.
A part, avec le plus profond
attendrissement.

C'est à toi, feu sacré que la patrie enfante,
De faire, en un instant, d'un coupable un héros !
(Duo dialogué.)

P R O S P E R.	SYLVIUS enchanté.
(Très-vif.)	(Très-vif.)
Tu partiras. ..	Je partirai !
Tu combattras. ..	Je combattrai!
Et tu vaincras. ..	Et je vaincrai!
Tu reviendras. .,	Je reviendrai!

Ensemble.

Chargé des palmes de Bellonne ;
Ta) destinée est dans (tes) mains !
Ma) (mes)
Sois l'honneur, l'appui des
Je veux faire honneur aux ⎬ Romains.
Et que ma) valeur les étonne !
Et que ta)

On entend une marche rapide dans le
lointain avec des fifres.

P R O S P E R *à Sylvius.*

Ce sont nos soldats emportés
Par une noble impatience ;
Tu marcheras à mes côtés :
Mais sur-tout garde le silence !
Au camp le Général Romain
T'armera de sa propre main.
Les voilà (*Bis*) Silence ! (*Bis*)

S C E N E V.

P. PROSPER ; SYLVIUS, *les quatre Soldats, le*
Trompette et les villageois armés, portant une
Enseigne sur laquelle on lit ces deux vers :

» Du repos nous goutions les charmes ;
» La patrie a parlé, nous voici sous les armes.

Les Villageois armés et les Soldats, *à Prosper.*

(*Chœur.*)

Vif.

PROSPER ! Prosper ! nous vous cherchons !
Notre zele, notre courage
Ne peut attendre davantage :
Vous voilà ; sans délai marchons !

P R O S P E R.

(Récitatif.)

Pressé.

Amis , pressons nos pas. Il nous faut ce soir même
Porter le dernier coup. Le camp est ici près ; ;
On n'attend plus que nous; nos compagnons sont
    prêts ;
De vous voir avec eux leur desir est extrêm !

       Changeant de ton et affectant
        de la tristesse.

Vous voyez Sylvius, que la loi de l'État
A privé du bonheur de servir sa patrie..

    Les Soldats voulant l'entraîner.

Qu'il vienne ; qu'il combatte...

       P R O S P E R.

        Ah! malgré son envie ,
Il saura respecter les ordres du Sénat.

Tous les Soldats, *d'un air triste et respectueux, et*
     les yeux baissés.

      (*Finale.*)

Malheureux Sylvius, on ne peut que te plaindre !
    Chacun de nous connaît ton repentir....
      La loi parle... Il faut obéir !

   Vif et crescendo.

Mais quoi ! sans être armé , ne peut-il pas venir ?
En marchant près de nous, qu'aurait-il donc à
    craindre ?

   à Sylvius.

Viens, viens ! au Général nous te présenterons
     Et de sa main nous obtiendrons
Un ordre pour t'armer : viens, viens ; on va te
    rendre
    Ce que ton cœur a droit d'attendre.

SYLVIUS *transporté.*

Ah ! mes amis !.. *Il les embrasse sans*
distinction.

Les Soldats *l'emmenant.*

Allons ! marchons !

SYLVIUS.	PROSPER et les Soldats.
Allons , allons , marchons.	Viens , viens , au Général nous
Ah ! mes amis ! allons , marchons.	te présenterons.
	Allons, allons, allons, marchons.

SYLVIUS *revenant sur ses pas , avec un visage*
inspiré par le fanatisme de la gloire.

Je vais donc aujourd'hui signaler mon courage !
Tremblez, ennemis des Romains !
Fuyez , échappez à ma rage !..
Malheur à qui de vous tombera dans mes mains !
Je sens le démon de la guerre ,
Qui du soufle de sa fureur
Tout-à-coup agite mon cœur !
Mon ame se rouvre à l'honneur ;
Et , dans l'excès de mon bonheur ,
Je puis seul conquérir la terre !

Tous ensemble, *à Sylvius , en l'entraînant.*
Crescendo.

Allons ; tout va céder à ce noble couroux ;
Le sort va couronner ta valeur meurtriere.
Que le dernier Sabin succombe sous nos coups.

En s'en allant.

Ce jour verra finir la guerre ;
Marchons ; la victoire est à nous !

Fin du second Acte.

ACTE III.

Le Théâtre représente la place publique du hameau, entourée de maisons rustiques, de bancs de pierre et de gazon, de beaucoup de feuillages et de quelques arbrisseaux. Au juste milieu, est un grand et beau chêne, au haut duquel sont attachés des trophées de guerre pris aux ennemis des Romains ; au pied de l'arbre, est un banc en forme de Sopha, formant le demi-cercle. A la droite du spectateur, est la façade extérieure de la maison de Marcius-Severe. On voit l'ancien mont de Jupiter aux environs de Rome ; et par des échappées, on apperçoit les murs de la ville de Rome, subsistant encore aujourd'hui, tels qu'ils étaient dans ce tems-là.

SCENE PREMIERE.

La nuit dure encore, quand on leve le rideau. Le jour commence à poindre au milieu de la scene suivante.

VALERIE *sortant de sa maison, avec un air égaré par la douleur.*

(*Récitatif.*)

O Nuit ! terrible nuit !.... j'ai passé dans les larmes
Tous les instans que les mortels
Accordent au sommeil !... Dans mes chagrins cruels,
Le repos pour mon cœur peut-il avoir des charmes ?
Sylvius, mon époux ! pour combler mes allarmes,
Loin de ces lieux a disparu !
Son fils m'avait promis que bientôt, ce soir même,
Il allait mettre un terme à ma douleur extrême !...

D'une voix sombre et d'un air farouche,

Et nous ne l'avons point revu !....
Si de son désespoir il était la victime !....
Si sa main suicide a terminé son sort !....
Ah ! je frémis d'horreur ; s'il a cru par un crime,
   Effacer, réparer son tort !....
Si mon époux n'est plus, s'il s'est ôté la vie,
En voulant se punir, c'est moi qu'il a punie !

(*Air.*)

Vif, tendre, triste, désespéré.

Sylvius ! Sylvius ! c'est ma voix qui t'appelle ;
Qu'ils viennent jusqu'à toi, ses accens douloureux !....
   Sylvius ! époux infidele !
   Sylvius ! époux malheureux !
    Ta Valérie,   (*bis.*)
Malgré tous les chagrins dont tu navras son cœur,
    Ta Valérie
    Est ton amie !
   Reviens, tu feras son bonheur !....
   Reviens ! reviens ! je les oublie,
Tous les chagrins dont tu navras mon cœur,
   Reviens ! reviens ! ta Valérie
   Est toujours ta plus tendre amie !
Reviens ! reviens ! je te pardonne tout,
  Au dérnier dégré du désespoir.
   Tout !.. tout !.. tout !.. tout !....
Je te pardonne pour la vie !

(*Ici le jour paraît.*)

Reviens, reviens, je te pardonne tout ;
   Oui, tout ; oui, tout !....
  Si tu reviens ! le ciel t'absout !
Si tu reviens, ton pere & ta patrie
  Te pardonneront pour la vie....

*Avec une force inexprimable et une
tendresse farouche.*

Reviens, reviens, reviens, je te pardonne tout !
Oui, tout ! oui, tout ! . . . .

*Elle tombe sur un banc de gazon,
presqu'évanouie.*

SCENE II.

VALERIE, les Vieillards et les Femmes du
Village.

Les Vieillards et les Femmes, à *Valerie*.

*Ils sortent de différentes maisons situées sur
la place ; on voit à une porte, un vieillard et
sa fille ; à une autre porte, une femme et ses
deux filles. Ils sont tous grouppés différem-
ment et distribués par nombres inégaux. Ils
sont à demi vétus, tête nue pour la plupart, et
ont encore l'air endormi.*

(*Morceau d'ensemble.*)

Quels cris plaintifs se font entendre ?

VALERIE *les appercevant, sort de son accablement ; elle court à chaque grouppe l'un
après l'autre, et les rallie autour d'elle avec
une promptitude effrayante.*

Ah ! mes amis ! quel malheur imprévu !
Sylvius n'est pas revenu !

Tous *en se regardant.*

Sylvius n'est pas revenu !

VALERIE

. . En vain j'ai veillé pour l'attendre ! . . . .

Tous

Tous.

Peut-être a-t-il suivi les pas de nos guerriers.

VALERIE.

Oubliez-vous l'ordre sévere
Qui défend à lui seul de cueillir des lauriers ?
Mes amis, si je vous suis chere,
Ayez pitié de mon tourment !
Sauvez-moi du trépas en ce cruel moment !...
Voyez une épouse éperdue,
En proie au désespoir ! attendant pour tout bien,
Que Sylvius s'offre à sa vue !
Que Sylvius revienne ! et je ne veux plus rien.

VALERIE.	Tous les autres.
Voyez la pauvre Valerie,	(A Valerie.)
Dans sa rage invoquer la mort !	Calmez-vous, pauvre Valerie.
Si l'on ne m'instruit pas du sort	(Les uns aux autres.)
Du mortel malheureux auquel	Hélas ! elle invoque la mort !
je suis unie ;	(A Valerie.)
Je ne réponds pas de ma vie ! (bis)	Nous allons le chercher ; ména-
	gez votre vie !
	(Les uns aux autres.)
	Allons ; il faut bientôt l'ins-
	truire de son sort.
	(Ils veulent partir, elle les
	retient encore.)

VALERIE, *d'une voix étouffée par les larmes.*
(*Récitatif.*)

Amis, répandez-vous par toute la forêt ;
Parcourez, visitez, qu'aucun endroit secret,
Fossés, réduits, détours, grotte, caverne obscure,
N'échappe à vos regards, à vos yeux vigilans !...
Interrogez en paix le ruisseau qui murmure !...
Ecoutez le feuillage agité par les vents !...
Demandez Sylvius à toute la nature !...
Et moi, triste victime, accompagnant vos pas,
Je meurs, si mon époux ne se retrouve pas !...

(*Choeur.*)

VALERIE.	Tous.
Je meurs, si mon époux ne se re-	Ah ! calmez-vous ; il ne tardera
trouve pas...	pas
Ne se retrouve pas.	A voler dans vos bras.
(Elle sort avec eux.)	(Ils sortent par divers côtés.)

C

S C E N E I I I.

FELIX, les Enfans du Village *sortant chacun de leurs diverses maisons.*

(*Récitatif.*)

Eh bien ! tout disparait ! où vont-ils ? il me semble
Que Valerie en pleurs demandait son époux.
    Sans doute ils sont allés ensemble
    Parcourir les forêts.. ... Pour nous ;
Sans sortir de ces lieux, veillons sur nos asyles...
Tandis qu'aux champs de Mars les auteurs de nos jours
De leurs bras à l'Etat prodiguent les secours,
Hélas ! dans nos foyers nous demeurons tranquilles !

    Tous les Enfans avec chagrin.
    Hélas ! hélas !

    F E L I X.

    Écoutez-moi, mes compagnons ;
    En cet instant si nous voulons
    Offrir d'avance à la patrie
    Ce que nous avons d'énergie, ...
Jurons, jurons autour de cet arbre sacré,
    Par nos peres tant révéré !
De combattre toujours les loix de l'esclavage,
Et réparons ainsi la faute de notre âge.

*Se rangeant en demi-cercle autour du chêne,
la main droite étendue en face du public.*

    (*Air*)
    Jurons de vivre en freres ;
    Jurons de nous chérir ;
    Jurons d'aimer nos peres,
    Et de leur obéir !

    Tous les Enfans répetent en chœur.

    Jurons de vivre, etc.
    F E L I X.
    Tendresse pour nos meres ;
    Respect au magistrat ;

(35)

Vœux tendres & sinceres
Au salut de l'Etat ,
Honneur à la vieillesse !
Egards pour le malheur !
Exemple à la jeunesse !
Voilà le cri du cœur.
Ainsi l'on peut abattre
Les traitres , les tyrans....
Jurons de les combattre
Quand nous serons plus grands. (*bis.*

Tous les Enfans *répetent en choeur.*

Ainsi l'on peut , etc.

SCENE IV.

Les Acteurs précédens , MARCIUS - SEVERE ,
JULIE et LACTANCE.

MARCIUS , *appuyé sur Julie et Lactance, sort de
sa maison et regarde le soleil levant.*
(*Récitatif.*)
*Les enfans se dérangent et courent
en foule autour de Marcius.*

LES ombres de la nuit ont fait place à l'aurore ;
Respirons un moment cet air pur et serein.
Tes rayons bienfaisans , beau soleil du matin,
Nous retracent celui que l'univers adore !
Avançons....

*Il va s'asseoir sur le banc qui est
près de l'arbre.*

Sur ce banc goûtons quelque repos !...
*L'orchestre imite le chant
des oiseaux.*
JULIE.
Mon pere, entendez-vous le doux chant des oiseaux ?

Tout dans ces lieux charmans vous fête en son langage.
La nature pour vous se plait à s'embellir....

Au public.

C'est ainsi qu'à l'aspect des vertus du grand âge,
Et qu'auprès d'un cœur pur, tout semble s'attendrir!..

MARCIUS.

'Ah! qu'il serait parfait, mon bonheur, sans l'image
D'un fils qu'avant sa mort il m'a fallu pleurer!
D'un fils, qui dut si bien mériter ma tendresse!..

Il pleure.

Image d'un ingrat, qui me poursuis sans cesse,
Que je chasse toujours, & (grâce à ma foiblesse)
Qui rentres dans mon cœur pour mieux le déchirer!

(*Duo.*)

LACTANCE essuyant les larmes de Marcius.	JULIE.
	(A part.)
Ne versez point de larmes ;	Il verse encor des larmes.
Il faut n'y plus penser.	Il veut toujours penser
L'auteur de vos allarmes	Au même objet d'alarmes ;
Doit bientôt les faire cesser.(Bis.)	Au lieu d'y renoncer. (Bis.)

JULIE *à son pere.*

(*Récitatif.*)

Tandis qu'autour de vous tout cherche à vous dis-
traire
  Pourquoi vous obstiner à faire
  Le supplice de vos vieux ans?
   Les enfans lui expriment leur
   tendresse par leurs gestes.

Voyez, voyez plutôt ces aimables enfans,
 Toujours empressés à vous plaire;
Voyez ce chêne antique & chargé de nos dons,
L'élite des forêts, l'honneur de nos cantons!
Majestueux & fier, il voit, d'un air paisible,

  Montrant un des arbustes qui sont
  un peu courbés.

S'incliner devant lui cet arbrisseau flexible;

Symbole du respect que nous vous portons tous,
Et des justes égards que nous avons pour vous !

MARCIUS *fixant le chéne avec volupté.*

(*Air.*)

Cet air est plein de douceur,
de mélancolie, et de simplesse.

Quels souvenirs tu me rappelles !
O chêne heureux ! arbre sacré !
De nos conquêtes immortelles
Monument toujours révéré !
En signe de réjouissance,
En l'honneur de la liberté,
Le jour même de ma naissance
   Tu fus planté !
A chaque nouvelle victoire
Que gagna l'aigle des Romains,
Un nouvel emblême de gloire
Te fut attaché par nos mains !

MARCIUS et tous les enfans avec JULIE et
    LACTANCE.

(*Choeur.*)

       à demi-voix.

Quels souvenirs tu (me / lui) rappelles !
O chêne heureux ! arbre sacré !
De nos conquêtes immortelles
Monument toujours révéré !
En signe de réjouissance,
En l'honneur de la liberté,
Le jour même de (ma / sa) naissance
   Tu fus planté !

SCENE V.

LES Acteurs précédens. P. PROSPER *seul ;*
arrivant brusquement.

P. PROSPER *s'adressant à Marcius et paraissant*
très-agité et accablé de fatigue, lui crie du
haut de la montagne.

(*Récitatif.*)

MARCIUS ! Marcius ! nous avons la victoire !

MARCIUS et tous les autres.

Vivement.

La victoire ! la victoire ! . .

P. PROSPER *son casque à la main et les cheveux*
en désordre.

Cette nuit des Romains vient de combler la gloire !

MARCIUS.

Les Sabins ? . .

PROSPER.

Pour jamais sont soumis à nos loix ;
Connaissant ton grand cœur & tes anciens exploits,
J'ai voulu le premier t'annoncer ces nouvelles ;
C'est la tendre amitié qui m'a donné des aîles !

MARCIUS *lui tendant les bras.*

Viens, ô généreux citoyen !
Entre mes bras que je te presse !

Prosper court à lui ; Marcius le tient
fortement embrassé, en prononçant
les deux vers suivans.

Ce cœur que tu remplis d'une vive allégresse,
A besoin de sentir un cœur tel que le tien !

JULIE *les considérant avec attendrissement.*

O douce amitié ! la nature
T'inventa pour former une union si pure !

(Morceau d'ensemble.)

Les Enfans, les quatre Femmes, LACTANCE **et**
JULIE, *se regardant avec étonnement.*

Et Sylvius ?

PROSPER *tout bas aux enfans*, etc. *leur*
faisant signe de se taire.

Laissez ; d'un bonheur imprévu
Vous verrez jouir ce bon pere.

Les mêmes *avec douleur, sans écouter Prosper.*

Sylvius, qu'es-tu devenu ?

MARCIUS *du ton de la désolation.*

Ah ! ce nom seul me désespere ! ...
Sans lui les Romains ont vaincu !

S'il eût au Général fait offre de son zele !

PROSPER *à part.*

Ménageons sa surprise ; elle en sera plus belle !

Le Choeur *tristement.*	MARCIUS *au désespoir.*	P. PROSPER *à part.*
Sylvius ! qu'es-tu devenu ?	Sans lui les Romains ont vaincu !	Ménageons sa , etc.

MARCIUS *ne se possédant plus.*

Va, malheureux ! l'éclat dont brille la patrie,
Ajoute encore à ton ignominie.

MARCIUS *frappé de l'image de son fils, comme s'il le voyait devant lui.* (Crescendo.)	Le Choeur *cherchant en vain à le calmer.*	P. PROSPER *aux autres qu'il cherche à rassurer.*
Il revient... Je le vois... va-t'en ! n'approche pas ! . .	Ecoutez-nous, hélas !	Rassurez-vous ; il va porter ici ses pas.
Fuis, te dis-je ! n'approche pas !	Marcius ! Marcius ! hélas ! (à part.)	Vous le verrez bientôt revoler dans ses bras.
C'est vainement que ta bouche m'implore ;	Dans l'excès de sa rage, il ne nous entend pas !	
Je t'ai maudit ; je te maudis encore !	O ciel ! il le maudit encore !	

PROSPER *à part.*

(Récitatif.)

Essayons cette fois si l'amour paternel
Peut s'éteindre à jamais dans le cœur d'un mortel.

Il s'adresse à Marcius, en affectant
le ton du reproche.

Eh bien, trop inflexible pere!
Dis-nous, que deviendrait cette rigueur austere,
Si ton fils....

MARCIUS *comme absorbé par le désespe*

Laisse-moi...

PROSPER *continuant avec plus de force*

Vainqueur....

MARCIUS *sortant de son accablement.*

Qu'entens-je? ô ciel!

Acheve!...

PROSPER.

Au champ d'honneur avait perdu la vie.

MARCIUS *hors de lui-même.*

Quoi? mon fils!...

PROSPER.

Si, mourant pour sauver sa patrie,
Il m'avait supplié d'obtenir son pardon...

MARCIUS et JULIE *interdits*

Sylvius!...

PROSPER.

S'il fût mort en prononçant ton nom?

MARCIUS *tombant dans un autre espéce*
d'accablement.

O nature! ô douleur!...

JULIE.

Sylvius! ô mon frere!...

MARCIUS *évanoui et secouru par tous les*
Enfans.

Il n'existe donc plus!

PROSPER *à part.*

Un pere est toujours pere!

SCENE VI.

Les Acteurs précédens , VALERIE , les Vieillards
et les Femmes

*Cette scene présente plusieurs tableaux
qui se succedent avec rapidité.*

(Morceau d'ensemble.)

<table>
<tr><td>VALERIE, toute éplorée en arrivant sur la scene.</td><td>Tous ceux qui reviennent avec elle.</td></tr>
<tr><td>Pour moi Sylvius est perdu....
L'écho seul nous a répondu.
Qu'ai-je encor besoin de la vie?
(Au desespoir.)
Il est perdu!</td><td>Calmez-vous , pauvre Valerie ,
Espérez que bientôt il vous sera rendu.</td></tr>
</table>

VALERIE *sans voir personne , sur l'avant-scene.*

Pere dénaturé! ta rigueur implacable
L'aura réduit sans doute à terminer son sort!

Tu ravis l'espoir au coupable!

Il n'a pu choisir que la mort!

<table>
<tr><td>VALERIE toute entiere à sa douleur, sur le devant du théâtre.</td><td>PROSPER
à Marcius.</td></tr>
<tr><td>Tu ravis l'espoir au coupable ;
Il n'a pu choisir que la mort.</td><td>Le destin n'est pas implacable
De votre fils ne pleurez point la mort ;
Rassurez-vous , il n'est pas mort.</td></tr>
</table>

Tout le monde *à Marcius.*

Rassurez-vous , il n'est pas mort! ...

VALERIE *se retourne vers la maison de Marcius pour renouveller ses imprécations, à l'instant même où il revient à lui.*

Qu'entends-je! il n'est pas mort!

C'est ici qu'elle se retourne.

MARCIUS *revenant à lui.*

Il n'est pas mort!

VALERIE *stupéfaite de ce qu'elle voit.*

Mon pere! ..

De tout le village entouré! ..

Pâle! .. mourant! .. défiguré!

Grand dieu! quel est donc ce mystere?

Elle court à Marcius et ne songe plus
qu'à le secourir.

SCENE VII & derniere.

Les Acteurs précédens , SYLVIUS *accourant d'un*
air noble et triomphant , portant un casque
magnifique, une riche cuirasse, tenant à la
main un sabre , et marchant à la tête des
guerriers du vlilage.

SYLVIUS *d'un ton joyeux.*
(*Récitatif.*)

Mon pere, mes amis ! reconnaissez en moi
Celui qui fut long-tems l'objet de votre haine !

Tout le monde *frappé d'étonnement.*

Sylvius ! le voilà !

SYLVIUS *voyant son pere et sa femme pâles et défaits ,*
s'arête interdit.

Mais quoi !
N'ai-je tant de bonheur que pour combler ma peine ?

PROSPER *à Sylvius , tandis que Marcius , Valerie et*
Julie sont immobiles de surprise.

O courageux héros ! approche & ne crains rien !
Du mal souvent le ciel fait éclore le bien.
J'ai vu tous tes exploits ; j'ai vu tout ton courage ;
J'ai vu l'ennemi fuir & pâlir devant toi !
J'ai vu tout succomber sous l'effort de ta rage,
Et notre Général , par ton nouvel emploi,
Et par le don de cette armure,
Recompenser en toi la vertu la plus pure. . .

Les Guerriers *désignant Sylvius avec le geste de l'enthou-*
siasme

C'est lui dont la valeur fatale aux ennemis,
A décidé du succès de nos armes !

Les Guerriers continuant.	MARCIUS tendant les bras à Sylvius.
C'est lui qui défendant l'hon- neur de son pays , Fait succéder la paix à nos al- larmes.	O mon fils ! Mon cher fils ! Que ce retour heureux pour ton pere a de charmes !

Marcius embrasse Sylvius, et il est partagé entre son pere,
son épouse, son fils et sa sœur qui semblent se le disputer.

SYLVIUS *aux genoux de son pere.*

Mon pere, c'est à vous que je dois mon bonheur !
De vos anciens exploits conservant la mémoire,
C'est vous que je suivais au chemin de l'honneur !
C'est un rayon de votre gloire
Qui tout à-coup a pénétré mon cœur !

Il quitte son pere et parcourt le théâtre avec rapidité,
en poursuivant :
Marcius toujours assis, lui tend les bras et le fixe avec
ivresse. (Air.)

S Y L V I U S.

Ce cœur redevenu sensible
Voudrait que l'univers partageât son plaisir !
On saura que tout est possible
A la nature, au repentir ! (*Il court à Valérie.*)
L'amour auprès de toi pour toujours me ramene !
(*à son enfant.*) Enfant chéri ! (*à son pere.*) pere
adoré !

A part, avec l'expression du plus vif enthousiasme
et d'une voix étouffée par une trop forte impression.
Ah ! mon cœur ne contient qu'à peine
L'excès de volupté dont il est enivré !

(*Morceau d'ensemble.*)

SYLVIUS , VALERIE ,
LACTANCE à part.   P. PROSPER à part.

SYLVIUS, VALERIE, LACTANCE à part.	P. PROSPER à part.
Oui, mon cœur ne contient qu'à peine L'excès de volupté dont il est enivré !	Un seul moment lui rend tout ce qu'il aime !

Tous ensemble *avec Marcius formant un même groupe.*

Bonheur suprême !
Plaisir extrême !
Un seul moment (lui / me) rend tout ce (qu'il aime. / que j'aime.)

SYLVIUS *s'échappant encore sur l'avant-scene , paraît*
redoubler de chaleur et d'ivresse
(*Suite de l'air.*)
O feu sacré ! divine gloire !
De tes rayons brûlans je me sens pénétrer !...
Je marcherai de victoire en victoire...

S'il reste un ennemi qui perde ma mémoire
Pour apprendre à me craindre, il n'a qu'à se montrer !

Tous reprennent.

Bonheur suprême !
Un seul moment (me / lui) rend tout ce (qu'il aime. / que j'aime.
MARCIUS se levant, est entouré et soutenu par ses enfans.
(Récitatif.)
J'ai donc enfin versé des larmes de plaisir !..
Et maintenant je puis mourir.

SYLVIUS, VALERIE, LAC- TANCE, JULIE, tenant Marcius embrassé.	(Morceau d'ensemble.) Tous les autres groupés à l'autre extrémité de la scene.
	(A part.)

Vivez, vivez, mon pere ;
Vivez pour nous chérir.
Les jours que vous avez à passer
    sur la terre,
Seront des jours de bonheur, de
    plaisir!
	Ah ! quel tableau charmant !
	Qu'il cause de plaisir !
	
	Ah ! quel tableau, etc.

PROSPER à part.
(Récitatif.)
Honneur républicain! auguste et saint amour
De la gloire et des loix ! toi seul peux, en un jour,
Rendre à l'homme enivré des erreurs de la vie
Son cœur, son pere et sa patrie !

Tout le monde sur l'avant-scene, réuni en un seul groupe.

Pianissimo.   (Chœur final.)

  Plaisir du cœur ! plaisir de la vertu !
Sans toi, sans toi tout est perdu !
C'est avec toi qu'on aime sa patrie.
Le vrai bonheur, le repos de la vie,
Par toi, par toi nous est rendu !

Grand et dernier BALLET exprimant le triomphe
de la piété filiale, le respect pour la vieillesse, et la joie
d'une réconciliation générale.

Fin de la Piece.